AF236806

Günter Wülfrath ist 1941 in Wuppertal geboren.
Er legte nach vielen Jahren als Rezitator 2007
den Grundstein für die jährlich stattfindenden
Ronsdorfer Literaturtage „LIT.ronsdorf" in
Wuppertal und begann eigene Texte zu verfassen.
Er schreibt vorwiegend Lyrik, Kurzgeschichten
und biografische Texte, die in diversen
Anthologien und Zeitschriften veröffentlicht
wurden. 2016 erschien der Lyrikband "Ich denke,
also bin ich" im NordPark-Verlag Wuppertal.
Ein Roman „Vom Workaholic zum Sinnfinder"
ist in Arbeit.

© **Günter Wülfrath**
Gestaltung:©guenterwülfrath

EWIG UM DIE SONNE KREISEND DREHT DIE ERDE UNS INS LICHT

Gedichte

Günter Wülfrath

Bibliografische Informationen der Deutschen
Nationalbibliothek:
Die Deutsche Nationalbibliothek verzeichnet diese
Publikationen in der Deutschen
Nationalbibliografie; detaillierte bibliografische
Daten sind im Internet über http://dnb.dnb.de
abrufbar.

© 2018 **Günter Wülfrath**
Herstellung und Verlag:
BoD – Books on Demand, Norderstedt

ISBN: 9783752820041

GENERATIONENVERTRAG

Still, bewegungslos, mit ausdruckslosem Blick steht der 20 jährige arbeitslose Thomas Jung in der Nähe des Eingangsbereichs eines Kaufhauses. Zeitungen mit dem Titel „Hartz IV Echo" in seiner linken Armbeuge, er bietet sie nicht offensiv an.

Die ganze Situation scheint ihm sehr unangenehm zu sein. Die meisten der durch die Einkaufszone eilenden Menschen nehmen, nach meinem Eindruck, den einsam wirkenden Zeitungsverkäufer nicht zur Kenntnis. Felix Alt, ein sechsundfünfzig jähriger Drucker nähert sich dem jungen Mann und spricht ihn an:

„Was ist das für eine Zeitung", fragt er. Etwas verlegen erklärt ihm der Junge, dass es sich um eine Publikation von arbeitslosen Menschen handelt und dass er, als Verkäufer, 50 Cent vom Verkaufspreis von 2 Euro, behalten darf. Felix Alt greift zur Geldbörse, nimmt 2 Euro und kauft ein „Hartz IV Echo". Er steckt die Zeitung ein und will wissen, wie lange sein Gesprächspartner schon an dieser Stelle steht.

„Wie spät ist es, ich habe keine Uhr", sagt Thomas. „Jetzt ist es 14 Uhr" antwortet Felix nach einem Blick auf seine Armbanduhr. „Um 7:30 Uhr habe ich die Zeitungen im Arbeitslosenzentrum abgeholt und bin hierher gekommen".

„Länger als sechs Stunden, hast du denn keinen Hunger", fragt Felix und beantwortet sich die Frage selbst. „Du musst Hunger haben, komm wir setzen uns zu einem Getränk und Brötchen in ein Café, ich lade dich ein. Keine falsche Bescheidenheit, du musst mir von deinem Leben berichten".

„Aber brauchst du dein Geld nicht für dein eigenes Leben?", fragt Thomas erstaunt. „Ich bin nicht reich, aber glaub mir, wenn ich dich einlade, dann kann ich das auch bezahlen".

Mit einem Gesichtsausdruck, gepaart aus Skepsis, Unverständnis, Überraschung und einem kleinen Funken Freude, reagiert Thomas:

„Hey Alter, ich sehe dich heute zum ersten mal, ich kenne dich nicht, warum bist du so nett zu mir"? „Gut, auf diese Frage hast du eine ehrliche Antwort verdient", antwortet Felix und setzt hinzu, „wenn wir unseren kleinen Imbiss zu uns nehmen, werde ich dir etwas von mir erzählen".

Nachdem Felix und Thomas im Café einen Tisch gefunden und belegte Brote und Kaffee bestellt haben, setzen sie ihr Gespräch fort. Felix kommt auf die Frage, warum er Thomas so behandelt wie er es tut, zurück und sagt:

„Schau, ich interessiere mich für die Menschen, ich will ihre Lebensumstände, ihre Ängste, ihre Wünsche und Träume kennen lernen. Ich stelle mir vor, wir sind Teil eines Regenbogens, der die Welt umspannt das Bild mit seinen Farben zeigt Vielfältigkeit in der Einheit. Wenn du das verstehst , wirst du mich auch verstehen".

Die Skepsis über das was Thomas hört ist ihm deutlich anzumerken. Er holt tief Luft und platzt heraus: „Mit der von mir empfundenen Realität hat das, was du beschreibst, aber mal gar nichts zu tun. Die Älteren besetzen unsere Arbeitsplätze, arbeiten bis nichts mehr geht und wir sitzen ohne Job auf der Straße. Hallo, ich glaube es wird langsam Zeit,

10

dass die Alten die Jungen versteh´n".

„Du hast recht", sagt Felix, „aus der Gesellschaft ausgeschlossen zu sein, das erfährst du gerade sehr schmerzlich, aber die Furcht ebenfalls ausgeschlossen zu werden verführt die Älteren dazu, sich genau so zu verhalten wie du es geschildert hast.

Das Problem ist aber keines von Alt und Jung, das Gegeneinander wird keine Lösung bringen. Nur zusammen können die Menschen ein menschenwürdiges Leben erreichen, darum ist ein Generationenvertrag, der in den Köpfen der Menschen verankert ist, eine sinnvolle Alternative". Felix beendet seine Erklärung und beobachtet wie Thomas auf das Gehörte reagiert.

Nach einer nachdenklichen Pause, in der man förmlich sehen kann wie die Gedanken durch den Kopf des jungen Freundes fliegen, dringt es zögerlich aus seinem Mund: „Wenn das stimmt was du sagst - und ich glaube mittlerweile - dass es stimmt, müssen wir lernen, die Gemeinsamkeiten von Jung und Alt zu berücksichtigen, dann kann eine Zukunft entstehen in der erkennbar wird, dass die Alten nicht auf Kosten der Jungen leben, und wie die Jungen die Hilfe leisten, die sie selbst im Alter erwarten".

An dieser Stelle erwache ich und mein spannender Traum ist beendet. Beim Frühstück nehme ich mir vor, der geträumten Utopie ein Stückchen näher zu rücken.

Ich werde mir in der Mittagspause die Zeitung „Harz IV Echo" kaufen.

Wer die kulturelle Bildung des Volkes mindert,
nicht für notwendig erachtet, oder sie den so
genannten ökonomischen Sachzwängen unterstellt,
verhindert die Entwicklung freier Menschen.

HOMMAGE AN PABLO NERUDA

Rezepte für sein schreiben
hatte er nicht.
Keinen Rat hat er hinterlassen,
denen die ihm folgen.

Ob beiläufig oder feierlich
seine Dichtung.
Solidarität, Gefühl und Taten
offenbaren seine Natur.

Immer fähig zur Verständigung,
niemals feindlich.
Achtend die Ausgebeuteten,
seine größte Tugend.

Der Bäcker, sein bester Dichter,
er reicht das Brot.
Diese schlichte Erkenntnis
bestimmte sein Tun.

Auf Schauplätze der Kämpfe gestellt
begriff er seine Aufgabe.
Des Dichters ehrliche Konsequenz,
parteiisches Handeln.

Nach Siegen und großen Misserfolgen
reifte der Entschluss,
sich mit Leib und Seele anzuschließen
der Hoffnung des Volkes.

Die Wandlung der Gesellschaft,
eine gewaltige Aufgabe.
Brot, Wahrheit, Wein und Träume
Gracias - Pablo Neruda.

unverständlich

meine gedichte
wird nicht jeder verstehn

das liegt an mir
oft fehlen ihnen
die literarischen regeln
oder mystische rätsel

aber auch den sturm
und den regen
das dauernde ticken der uhr
das glück
das auch schmerzen kann
und alles was uns stört
sogar das sterben

versteht mancher nicht

VERMÄCHTNIS

1 *(Ereignis & Schock)*

Wenn ein geliebter Mensch gestorben,
auch wenn man es anfangs nicht begreift,
ist er uns seltsam fremd geworden,
weil uns der Atem des Todes gestreift.

2 *(Kindheit & Erziehung)*

Er wurde wie alle Menschen geboren,
einen Einfluss darauf hatte er nicht.
Was er im Leben gewonnen, verloren,
ist die Summe aus Genuss und Verzicht.

Ob ihm ein gutes Leben geschenkt,
das ahnte er nicht, war noch Kind,
Durch Eltern und Familie gelenkt,
nicht wissend ob sie klug genug sind.

3 *(Jugend & Freiheit)*

Die Erziehung in der Gemeinschaft,
Kindheit und Jugend, schwer oder leicht.
Je nach Temperament und Bereitschaft
wurden nicht alle Ziele erreicht.

Glaubend, dass er erwachsen sei,
erkannte er schnell wie er sich geirrt
und er fragte sich sehr verwirrt,
wann kommt die Zeit in der ich frei?

4 *(Erkenntnis & Entscheidung)*

Wenn ihm das Leben voller Last,
fühlte er sich zumeist verraten
und hatte er das Glück verpasst
gab es nur Suppe statt Braten.

Doch er wollte leben mit Lust,
brauchte Freunde in dieser Welt,
sich verbietend den kleinsten Frust,
hat er sich dem Leben gestellt.

5 *(Kampf & Solidarität)*

Suchend und lernend`ging er voran,
nicht fürchtend die Widrigkeiten.
Jede Niederlage trieb ihn an
für ein besseres Leben zu streiten.

Er wollte immer Helfer sein.
Wenn die Gesellschaft voll' Kälte gar,
schaltete er seinen Herz-Ofen ein,
dass keiner froh´r oder einsam war.

6 *(Hoffnung & Vermächtnis)*

Zeitlebens wollte er denken und tun,
die Schläge des Schicksals überwinden
und bis zu seinem Tode nicht ruh'n,
hoffend, eine bessere Welt zu finden.

Vertrauend dem Weg aus Bedrängnis,
der im Feuer der Zuversicht brennt,
kannte nicht Angst um sein Vermächtnis.
Eine menschliche Welt, sein Testament.

7 *(Erbe & Versprechen)*

Wenn ein solcher Mensch gestorben,
weist uns sein Erbe nur eine Richtung.
Niemals ist er uns fremd geworden,
sein größter Wunsch wird uns Verpflichtung.

KRIEGE, FLUCHT, FREIHEIT

Emanuel Kant
Radierung von Enric Rabasseda

Große Fragen benötigen
keine großen Antworten,
sie müssen nur
ehrlich sein

RÜCKFRAGE

Wir haben Waffen gefunden,
bei unseren Feinden.
Wir wunderten uns sehr,
wo kamen die Waffen her?

Waffen aus deutschen Fabriken,
exportiert in alle Welt.
Fördernd Krieg und Hass,
warum wundert uns das?

FRAGEN DER TOTEN SOLDATEN

Es war einmal ein junger Soldat,
der das Elend des Krieges nicht kannte
und mit seiner feschen neuen Uniform,
verblendet in sein Unglück rannte.

    Dreiste Lügen und verborgene Hetze,
    dass Mainstream die Wahrheit ersetze.
    Von skrupellosen Herrschern belogen
    ist der Soldat in Kriege gezogen.

Wer ist schuld, fragt der tote Soldat.
Politiker, Generäle und Großindustrie -
Sind unschuldig, sagen Medienvertreter,
lobend die herrschende Ideologie.

    Dreiste Lügen und verborgene Hetze,
    damit sie der Menschen Köpfe besetze.
    Rüstung führt immer zum Flächenbrand
    und die Industrie reicht dem Tod ihre Hand

Und wieder ist es ein junger Soldat,
glaubt erneut dem verlogenen Braten
und wie zuvor, in vergangenen Zeiten,
wird seine Jugend elend verraten.

    Dreiste Lügen und verborgene Hetze,
    zerstören die demokratischen Gesetze.
    Volksverdummung wird zum Bildungsgut
    und am Ende fließt der Soldaten Blut.

Und immer wieder fragt der Soldat,
nach Gründen für diese Misere.
Folgen der Kriege sind tote Soldaten
auf dem verlogenen „Felde der Ehre".

Dreiste Lügen und verborgene Hetze,
töten der Menschheit wertvollste Schätze.
Erst wenn Hetze und Lügen verderben,
müssen Soldaten nicht mehr sterben.

NACHT

Es sinkt Nacht über die Schlachtfelder.
Der bleiche Mond des Todes
verhüllt sein Gesicht.
Feuerwolken am Horizont.
In den Städten lebt das Sterben
und das Leben stirbt.
Rüstungsschmieden liefern Waffen.
Historische Bauwerke,
zeigend die die Sterne der Geschichte,
von Barbaren zerstört.

Der Frieden ist vorbei.
Die Menschen zwischen den Grenzen
werden zu Bombenopfern.
Ganze Kontinente
versinken im Chaos.
Die Lieder der Völker,
vergessen.
Macht und Habgier
bestimmen die Welt.
Finsternis sinkt über die Schlachtfelder.

Eine erstickende Stimme flüstert:
Gute Nacht.

WARUM

Warum schreit ihr nicht
wenn Menschlichkeit im Chaos
verkommt,
an immer höheren Grenzzäunen?

Warum weint ihr nicht
wenn flüchtende Menschen
sterben,
im Lande der Dichter und Denker?

Warum hört ihr nicht
wenn Menschen im Meer
ertrinken,
im Friedensnobelpreis Europa?

MENSCHENWÜRDE

Menschen unerwünscht.
Mich friert es
beim Anblick der Elenden

Kommt herein.
In meinem Haus
sollt ihr Willkommen sein,
ausruhen
und sicher sein,
wie Jungvögel im Nest

Die Gegenwart.
Kalt wie ein Eisschrank
frostet die Freiheit,
unser Land,
wenn das Gestern
neu erwacht.

erschöpfung

sie sind erschöpft nach schrecklichen fluchthöllen
auch jene die schon lange hier sind
entrinnen der erschöpfung nicht
das nicht ertrinken ist nicht die erlösung

was bedeutet ein neues leben
alte grenzen überwunden um doch
vor neuen zäunen zu stehen
ihre freiheit heißt überleben

konsequenz

wenn euer handeln
euch ehrlich
beschämt

nennt niemals
eure kritiker
unverschämt

fremd

das fremde
sieht dich an

dein herz
verschließt sich

deine menschlichkeit
wird zur angst

die angst
wird zum hass

und dann
bist du dir fremd

rechtfertigung

wir wollen nicht - dass sie ertrinken -
das verbietet die humanität
es bleibt festzustellen
- sie hätten es wissen müssen -

was hätten sie tun sollen
ist keine klärende frage
deutlicher ist
- sie hatten keine chance -

krieg - hunger - und elend
sind härter als nasser tod
- auf uns hören sie nicht -
das ertrinken folgt automatisch

WAS IST DAS FÜR EINE ZEIT?

Schreckliche Kriege überfluten die Welt.
Den Zerfall hält niemand auf,
doch alle reden von Fortschritt.
Was ist das für eine Zeit!

Die Flüchtlinge, die unerwünschten,
werden in "Rückführungszentren" interniert.
Freiwillige Helferinnen und Helfer,
werden Volksverräter genannt.
Die in sozialer Kälte erfrieren,
wärmen sich am Feuer der Brandstifter.
Selbsternannte Patrioten, braun gefärbt,
werden zur Hoffnung der Enttäuschten.

Soziale Kälte zulassend,
verkauft Politik die Demokratie.
Die Unfähigen, die uns regieren,
haben die Humanität verloren,
doch sie beschwören sie pausenlos.

Was ist das für eine Zeit?

afrika verbrennt

die trockenheit kam - der tod hat gelacht
kranke - schwache - alte - kinder
und viele tiere nicht minder
leiden bis hunger sie umgebracht

zu anfang wollten sie nicht glauben
dass die wasser nie mehr rinnen
über bleichende rippen wie tote spinnen
blicken abgestumpfte augen

im klimawandel trocknet afrika aus
leben - bäume - sträucher - erde
ein kontinent wird ausgebrannt

das niemand am ende schuldig werde
geben wir spendenquittungen aus
schuldige werden nicht benannt

DER ZUSTAND DER ERDE

So trostlos ist der Zustand
der Erde. Zu Tornados und Tsunami,
dem Unglück von Hunger und Not,
kommen die Kriege der Welt und
die Schwäche des Friedens.

Was tun wir, das Elend zu bannen?
Was beginnen, und wo, und wann?
Die Notwendigkeiten zerschellen
an geschlossenen Grenzen,
wie Flüchtlingsboote im Meer.

Frieden, geplantes Glück, versunken
im Wasser das vom Leben sie trennt.
Dem großen Meer aus Blut und Tränen
Entsteigt grinsend aus kalter Tiefe
die Gier nach Macht und Profit.

Es scheint, als würde die Finsternis
nicht enden. Eine Gesellschaft wo
der Benachteiligten Hass und Wut
ausbricht, aus den Eiterbeulen
uralter vergifteter Gedanken.

Die alten Rezepte, die bürgerlichen,
helfen nicht mehr. Die Epidemie
des Hasses ist nur durch die Zerstörung
ihrer Keime zu bekämpfen. Stärkend
das Immunsystem des Friedens.

ODE AN DIE FREIHEIT

Freiheit, sei wachsam,
lasse dich nicht in Fesseln legen,
traue nicht denen,
die mit Panzern und Kanonen drohen,
dich zu verteidigen,
lass dich auf keinen faulen Handel ein,
lass die Völker
Lieder singen in allen Sprachen,
der Kriegswaffen Zünder vernichten,
sich in Freundschaft treffen,
gemeinsam tanzen,
sich umarmen in allen Erdteilen,
es wird kommen die Zeit,
in der wir verbannen werden
Bomben und Panzer.
Die Freiheit den Menschen,
und sie wird da sein
für alle, uneingeschränkt.

Wer die Unfreiheit nicht bemerkt
irrt wenn er das für Freiheit hält

freiheit 2

man könnte glauben
die freiheit
sei größer geworden
also glauben wir unseren herzen
nicht dem verstand
gelogenen argumenten folgend
die ausgetretenen pfade
uralter lügen
nicht verlassend
millionenfaches glaubensgetrampel
verfestigt gedankenpfade
für alle zeiten

die unfreiheit hinter
vorschriften und gesetzen
sich verbergend
fabuliert
von notwendigkeiten
zum erhalt der freiheit
aus der vergangenheit
durch die gegenwart
wird hypnotisiert
freiheit sei
ohne unfreiheit
nicht denkbar

GEGEN DAS VERGESSEN

Streitend für Frieden! Dem Hass begegnend!
Benennend die Ursachen! Nicht auslassen und
nicht vergessen zu bedenken die
Vergangenheit, die schreckliche.
Das Verschweigen nicht zulassen,
nicht das Verdrängen. Nicht erlauben
verfälschende Geschichtsklitterung.
Der Schoß ist fruchtbar noch, aus dem
der Faschismus kroch.

Lernend zum Wissen! Der Dummheit widerstehen!
Sagend was falsch! Erkenntnisse nutzend und
nicht verschweigen die Wahrheit.
aufbauend eine friedliche Zukunft, eine
neue Gesellschaft, ohne Verdrängung.
Erlaubend kulturelle Vielfältigkeit und
benennend der Vergangenheit Fehler.
Unsere Geschichte vergessend, sind
wir verdammt sie erneut zu erleiden.

POLITIK

Unzählige Male
quergedacht
gegen den Strom
oft gescheitert
immer erneut versucht
im Feuer der Gedanken
den Rücken gerade
und den Kopf oben zu halten

BEIM SCHREIBEN ZU BEACHTEN

Nicht vergessen beim schreiben,
die Not und das Elend der Welt,
und wenn uns Angst überfällt,
stark und mutig bleiben.

Realitäten sind zu erkennen,
Banken beherrschen die Welt,
und wenn uns das nicht gefällt,
müssen Texte wie Feuer brennen.

Nicht vergessen, politisch sein,
immer für die Menschen schreiben,
möglichst alle Lügen erkennen.

Bei allen Problemen, groß oder klein,
wenn wir authentisch bleiben,
können unsere Texte brennen.

STATIONEN

Profit ist das Rauschgift des Kapitals,
Süchtig werden, die ihm verfallen.
Spielbanken sind die Opiumhöhlen der Gier,
letzte Station vor dem Absturz.

Mammon ist das Diebesgut der Ausbeutung,
geopfert werden, die ihn erarbeiten.
Sozialämter sind die Siechenheime der Armut,
letzte Station vor der Ohnmacht.

Macht ist der Schutzschirm des Eigentums,
privilegiert werden, die rücksichtslos sind.
Armut ist der Vorhof der Hölle auf Erden,
letzte Station vor dem Ende.

Widerstand ist der Beginn der Menschwerdung,
erstarken werden, die ihn leisten.
Erkenntnis ist der Schlüssel zur Veränderung,
letzte Station vor der Revolution.

BACKSTAGE

Fragt nach der Menschlichkeit hinter dem
                                    Vorhang.
Fragt nicht im Verborgenen wenn ihr in Not.
Wahrheit hat kein Geheimnis und das Elend
ist so real wie Leben und Tod.

Fragt nach der Menschlichkeit vor dem
                                    Vorhang,
Fragt ganz offen die Lenker der Welt.
Wer ist der mächtigste Herrscher der Strippen,
der die Marionetten in Bewegung hält?

Fragt nach den Menschen im dunklen Parkett.
Fragt jene die gelenkt auf der Bühne stehen.
Wer im Puppentheater die Fäden zieht,
ist meistens nur Backstage zu sehen.

AUSWEG

Es gibt nichts mehr
Im ausgeräumten Kaufhaus.
Verschwunden sind Waren und Menschen
im Schlund des reinen Profit's.

Sie sind freigestellt
von schlecht bezahlter Arbeit.
Diese Freiheit verbergen die Arbeitslosen
als wären sie selber schuld.

Sie wachen auf
aus ihren Albträumen.
Nicht verbergend die bittere Wahrheit
erkennen sie ihren Ausweg.

HINWEIS

Wer den Kapitalismus
als so natürlich betrachtet
wie zum Beispiel
dass Regen nass macht

kann eine Revolution
wenn sie einmal kommt
nicht als unnatürlich
bezeichnen

WERTE

Es gibt Individuen,
welche die Börsenkurse
für wichtiger halten
als das Schicksal
leidender Menschen.

DIE MACHT DER STEINE

Nicht vergessen
die Kraft der Steine.
Die Machtlosen
müssen sie sammeln.

In den Weg legen
den Mächtigen,
die größten Steine,
sie aufzuhalten.

Dass sie stolpern
und erkennen:
Ihre Macht ist endlich,
nicht in Stein gemeißelt.

Wer verbündet ist
mit den Steinen,
kann aufhalten
die Mächtigen.

DIE FRAGE

Glaubt nur nichts
von den falschen Versprechen
und dem Gemauschel
im Personalkarussell.

Die nie eingehaltenen Pläne
und die markigen Worte.
Windfähnchen und Wendehälse
sind Inhalt und Personal.

Die schlimmsten Lügen
der Volksvertreter
schreibt den Lernenden
in die Schulbücher.

Wer opfert die Bauern,
auf den Schachbrettern
des Lebens,
für welchen König?

MARIONETTEN

Vor dem Vorhang bewegen sich Puppen,
hängend an dünnen Drähten und blind.
Hinter dem Vorhang ist zu erkennen
wer die wahren Drahtzieher sind.

Vor dem Vorhang liegen tote Soldaten,
gefallen, gestorben für fremde Ziele.
Schuldige sind schwer zu erkennen,
hinterm Vorhang verbergen sich viele.

Vor dem Vorhang manipuliertes Leben,
unsichtbar an Drähten aufgehängt.
Hinter dem Vorhang ist verborgen
wer die Menschen wirklich lenkt.

RESUMÉE

Wir kämpfen mit Liebe
gegen den Hunger der Welt.
Gegen was kämpfen wir noch?

Wir begrüßen mit Herzlichkeit
Flüchtlinge in unserem Land.
Wen begrüßen wir noch?

Einige sagen mit Demagogie
den Untergang voraus.
Was sagen sie noch?

Wir hören mit Entsetzen
Ausländer raus.
Was hören wir noch?

Ich höre von Bertolt Brecht*:

*Was für eine Kälte muss
über die Leute gekommen sein!
Wer schlägt da auf sie ein, dass
Sie jetzt so durch und durch erkaltet?*

Ich fürchte mich
vor den Antworten.

** O FALLADAH, DU HANGEST!
(Gedanken eines Pferdes beim sterben)*

WAS NACH UNS KOMMT

Eine Gesellschaft wird kommen,
die anders sein wird,
eine die, was bisher
nicht begonnen wurde,
endlich anfangen wird.

Wir streiten für eine Ordnung,
deren Gestalt schon beschrieben ist.
Unsere Überlegung ist
das Konkrete.
Keine Struktur wird bewahrt,
die den Blick verstellt,
keine Form der Vergangenheit,
wenn eine neue Welt kommt.
Die Herrscher,
jene, die das Alte bewahren
und wie Flöhe in unserem Fell sind,
die mit den Menschen spielen,
die ohne Skrupel ausbeuten,
sie versinken in der Flut
unserer Zukunft.

So werden sie verschwinden,
die ersten, denen viele noch folgen.
Es ist ohne Bedeutung
was sie einmal gewesen,
weder für uns noch für sie.
Alles was wir heute tun
dient dem Blühen der Zukunft.

Wir sind Bauern unserer Felder
und ernten, was wir gesät.

In der kommenden Zeit,
im Land unter dem Sonnenschein,
lebt mit eigenem Recht und Willen, ein freies Volk.
Freiheit, die des Volkes Freiheit ist,
Recht, das des Volkes Recht ist,
und ein Wille, der des Volkes Wille ist.

Wenn wir nach vorn blicken,
erkennen wir, dass wir die ersten sind,
die Kinder, Frauen und Männer die kommen,
die Architekten, die Bauleute
des Neuen,
dass wir die Zukunft sind
und auf fruchtbarem Boden,
die Blume der Menschlichkeit blüht.

Dazu wird es nötig sein,
vor allem Anderen,
die Wurzeln des Lebens nie zu vergessen,
auch wenn die ersten Schritte getan,
die kurzen Sprünge,
vom Gestern ins Heute.
Wir dürfen kein dickes Fell haben
oder überheblich sein.
Müssen, was wir beginnen,
mit kühlem Kopf tun,
sorgsam vollenden,

nicht lieblos.
Keine Fehler zulassen,
es könnte das Scheitern sein.
Unser Herz ist mit allen, die mit uns gehen,
und für die, die nach uns kommen,
die jetzt sind
oder bald sein werden.

Alles wollen wir fertig bauen,
vollendet
und niemals die Zukunft,
den Geistern der Vergangenheit überlassen.
Alles muss perfekt sein
im Augenblick des Übergangs.
Offenen Auges, sehend,
ohne alle Schleier
die entstanden sind
in den Zeiten die vor uns waren.

Wenn unser Schiff auch in schwerem Wetter,
vor gefährlichen Klippen,
in wildem Wasser schlingert,
können Menschen mit all ihrer Liebe,
die in ihren Herzen brennt,
glücklich werden
und Stürme hinter sich lassen,
als hätte es sie nie gegeben.
Dann können wir sicher sein,
- dass Regen immer nach unten rinnt -
und wir Heutigen wissen,
was nach uns kommt.

ICH HABE GEGLAUBT

Einst hab ich geglaubt, jetzt
kommt die Revolution. Die Fahnen rot,
aus Niederungen schwinden die Nebel
und Freiheit ist nicht mehr bedroht.

Die Mütter drücken ihre Kinder
voller Liebe an die Brust. Über Nacht
hat Frieden und Sonnenlicht
Hoffnung auf die Zukunft gemacht.

Aufgewacht. traurig. bitter enttäuscht.
War alles nur Utopie?
Nichts ist geschehen, alles wie immer.
Von selbst kommen Revolutionen nie.

PHÖNIX AUS DER ASCHE

Alte Häuser, enge Gassen
Traditionen atmet jedes Haus
Vergangenheit wird neu entdeckt.

Meine Neugier lässt nichts aus,
was sich über meine Seele streckt,
will ich wissen, kann es nicht lassen.

Sind vergangene Mühen zu erkennen?
Ist von Trauer noch zu spüren?
War das Glück in diesen Mauern?

Große Geister mich verführen,
Geschichte rührt mich zum Erschauern,
Vergangenheit soll mich verbrennen.

Um eine Frage nur kann es gehen:
Wird aus gesammelter Asche
eine bessere Welt entstehen?

defizit

der lange marsch
vom krieg zum frieden
wie wasser
verrinnt die erinnerung

jahrzehnte
durchqueren wir die zeit
und bemerken nicht
was wir vergessen.

menschlichkeit zumeist
visionen in unseren träumen
manchmal nicht reif
sie zu verwirklichen

zu ungeduldig
das leben zu entdecken

NATUR
UMWELT, LEBEN, GENUSS

blaue stunde

am horizont verschwimmend,
im nachmittagsdunst,
strahlt spätsonne durch wolkenlücken.
notenlinien an den himmel gemalt.
blau verzaubert die natur.
sphärische klänge verbinden
melodien aus licht.

MUTTER ERDE

Die Menschheit muss der Erde Qual
beenden
sonst wird sie unweigerlich
sich gegen die Menschen
wenden.

Nicht stillhalten wird sie und
die Legende
des schönen blauen Planeten
ist bald schon
zu Ende.

Denen die ihr das Loch im Ozon
auf zieh'n
wird mit Taifun- und Wirbelstürmen
der Erde Schmerz
entgegen geschrieh'n.

Das Klima zu säubern bläht sie sich
mit giftigen Gasen
um den zerstörenden Schmutz
weit von sich
zu blasen.

Die aus Gewinnsucht ihr jeden Dreck zumuten
sich nicht schämen
in Flut und Tsunami erkennen sie nicht
die unendliche Zahl
ihrer Tränen.

Wenn nicht die Tränen der Erde
gestillt
wird der Profit der menschlichen Gier
von diesen
hinweg gespült.

SCHLUSSFOLGERUNG

Obwohl die Menschen
die Narben der gequälten Erde
erkennen,
empfinden sie keine große Furcht,
die Unwissenheit ist allgemein.

Solange der Geist nicht erwacht,
wird die Zerstörung der Erde
nicht beendet.

lebensraum

nach des winters finsternis
leuchtet das leben
in unsere welt
aus der erde dunklem schoß
steigt empor das junge grün

in der sonne strahlenlicht
schwebt der frühling
in mein zimmer
aus den pflanzen treibt
bunter blüten farbenpracht

durch des sommers wärme
schleicht sich wohlsein
bei mir ein
Und der ernte früchte
streicheln meine zunge

mit des herbstes farbpalette
strahlet die kunst
in die natur
und zu meinem glück
bin ich ein teil von ihr

aus dem bergischen

die häuser der heimat vergessen - nein
wenn ich an die kindheit denke
fällt mir mein elternhaus ein

die haustüre grün und eisern die klinke
geöffnet die obere hälfte zum klönen
damit nichts im vergessen versinke

die wege über die ich zur schule ging
kindergeschrei längst schon verklungen
doch ich weiß - dass ich regentropfen fing

sonnenstrahlen dringen im abendrot
durch dunkel werdende himmelsfenster
auf feldern wächst getreide fürs brot

wo ich zu hause bin

hügelkuppen grüne waldesspitzen
verstreute äcker wiesen felder
bunt wie schöne patchworkdecken
das sind der heimat landschaftsbilder

vogelzwitschern schallt durch die luft
lässt das hohe lied vom leben klingen
und wenn ein unglück droht
ist der liebe zuversicht in allen dingen

aus kühlen bächen zarter nebel steigt
auf blättern zittern tröpfchen wie kristalle
insekten kommen und laben sich
es sorgt natur für groß und klein - für alle

wenn am abend die sonne sinkt
fröhliche vogelstimmen schweigen
und die welt sich schlafen legt
tanzen in der nacht traumelfen ihre reigen

MEIN LIEBSTER ORT

Wenn der
Waldboden nach Moder riecht,
von den Bäumen rinnt das Harz,
ist Moos auf dem Boden mein Kissen.

Wenn der
Farn sich filigran erhebt,
Sonne durch Baumkronen fließt,
klingt Vogelgesang wie ein Orchester.

Wenn der
Bäume Schatten vor Hitze schützt,
Kronen sich wölben wie Dächer,
ist der Wald meine Kathedrale.

Wenn der
Wald sich meinen Gesprächen stellt,
sein Schweigen mir Antwort gibt,
ist er mein liebster Ort auf der Welt.

LEICHTFÜSSIG

Leichtfüßig ist er, der Samurai,
und bewaffnet mit scharfem Schwert.
Sanft und friedlich und ohne Geschrei
tanzen Hauskatzen um unseren Herd.

Spielen und tanzen mit dem Ball,
leichtfüßig einen Fußball bewegen.
Mit leichtem Fuße, fast verwegen,
tanzen die Sterne im weiten All.

Wenn die Schmetterlinge tanzen,
glaubt niemand, dass es Schwerkraft gibt.
Sie schweben durch die bunten Pflanzen.

In den Tanz der Libellen bin ich verliebt.
vor ihrer Flügel schillerndem Reigen,
kann mein Herz sich leichtfüßig neigen.

Kirschblüte

Sie'h es dir an!

Die Arena der Bäume
schneeweiß gefärbt.
In blühender Pracht
ist des Winters Dunkelheit
schon lange vergangen.
Keine Staumauer hält sie auf
die ewig fließende Zeit
und ihre ändernde Kraft.
Der Kirschblüten Gewand
ist die Unterwäsche
für ein rotgrünes Kostüm.

Bunt sind die Trachten
des Sommers.

BLAUER ENZIAN

Über Almwiesen wandernd,
durch des Sommers Mitte,
sehe ich in Sträucherkissen
rote Blüten blitzen,
im Schatten dieser Alpenrosen
tiefblauer Enzian,
wachsend zwischen kargem
Gestein.

Aus welcher Kraft
dringen deine Farben ans Licht?
Deine blauen Blätter,
irdischer Spiegel des Himmels!
Ich finde ihn zwischen Rosen
und betrachte ihn, als sei er
das tiefste Blau unter der Sonne,
als erwache in ihrem Schein
sein Blütenkelch.

Eine blaue Trompete
zwischen dem Rosenrot
verkündend unbändige Freude
und die Kraft der Natur.

ART-NATUR

Wenn Herbst die Natur anmalt,
mit Farben die keinem Maler eigen,
wenn dazu die Sonne strahlt,
kann Natur ihre Schönheit zeigen.

Der Himmel färbt die Leinwand ein,
ein Kunstwerk in bunten Farben,
nichts kann vollkommener sein,
von der Sonne vergoldete Garben.

Der Blätter farbige Durchsichtigkeit
und ihre zarten, biegsamen Äste,
erschaffen Bilder der Vergänglichkeit,
uns wird bewusst - wir sind nur Gäste.

Der Winter wäscht die Leinwand weiß,
im Frühling wird Natur neu beginnen
zeigend ihre schönsten Seiten.

Sonne im Sommer, flimmernd heiß,
im Dunst lässt sie Farben zerrinnen,
doch bunt ist das Jahr zu allen Zeiten.

sonnenwende

öffne die augen!

die finsternis flüchtet schon.
zaghaft steht die sonne auf.
aus schneebedeckter erde
ragen stämme und äste.

ewig um die sonne kreisend
dreht die erde uns ins licht.
nach jeder finsternis
folgt eine sonnenwende.

länger werden die tage
im inneren trockener hölzer
treibt die natur frisches grün
unbemerkt zum licht.

spürst du das leben?

SONNENAUFGANG

Nicht vermiesen lassen,
deine Grundsätze,
sie helfen zuverlässig
über manche Hindernisse
die sich dir in den
Weg stellen.

Nichts ist wichtiger
als du selbst -
Rezepte verfolgend
die unbrauchbar sind
bremsen dich aus,
helfen nicht.

Begrüße freudig
jede neue Utopie.

Wo der Geist erwacht
geht die Sonne auf.

SOMMERFERIEN

Nach traumtiefer Nacht,
in Gedanken versonnen:
Herrliche Ruhe -
       es haben die Ferien begonnen.

Die Landschaft so Sommersatt,
der blühende Garten ein Traum:
In mir ist Stärke -
       ich könnte Luftschlösser baun.

Am Himmel die strahlende Sonne,
wärmt meinen Leib, meine Seele.
Glücklich die Mühen vergessend
       steigt Jubel in meine Kehle.

SOMMERGLÜCK

Sommer, Wärme, Sonnenglut,
duftende Ähren, Gras und Heu.
Am Himmel ein Wölkchen - scheu.
Der Vögel Gesang klingt so gut.

Katzen schnurren, Hunde bellen,
Kühe blöken, Gänse schnattern,
der Horizont fängt an zu flattern.
Glockenblumen läuten und schellen.

Schwitzen, baden, träumen,
lesen, spielen, singen,
alle Blumen gießen.

Laufen, tanzen unter Bäumen,
jubeln, lachen, springen,
Sommerglück genießen.

GESANG AUF DEN GENUSS

Genuss, du bist wie ein Weinberg
er fängt das Sonnenlicht und presst es
als Süße in die Trauben.

Wer dich nicht mag
ist zu bedauern bis ans Ende seiner Tage.
Traurig oder missmutig wird
sein freudloses Leben sein.
Alle Versuche dem Genuss zu entsagen
werden seinen traurigen Zustand
nicht beenden.

Nur wer den Genuss zulässt
erkennt die Grenzen zwischen
Trauer und Glückseligkeit.
Wer zu seinen Schwächen steht,
erkennt seine Kraft.
Das Leben gibt denen
die es lieben.

Genuss, du bist wie ein Orkan,
er fängt den wilden Wind und presst ihn
als Kraft in das Leben.

WIE DER WEIN INS GLAS KOMMT

In der Reben schlanken Reihen,
räkelt sich der Sonnenschein,
breitet seine Wärme aus,
bringt die Süße in den Wein.

In der Kelter großen Pressen,
mischt der frische Most sich ein,
breitet seine Sonne aus
bringt Charakter in den Wein.

In der Gewölbe kühlen Kellern,
schaltet sich die Gärung ein,
breitet ihr Aroma aus,
bringt zum reifen unsern Wein.

In der Gläser bauchige Form,
füllt man das Ergebnis ein,
breitet sich die Blume aus,
bringt Genuss ein guter Wein.

IM WEINLAND

Um mich Reben, über mir Sonnenschein.
Blauer Himmel und sanfte Hügel
küssen sich am Horizont.

Um mich Blumen, über mir bunte Vögel.
Prächtige Weinberge und reife Trauben,
warten auf die Kelter.

Um mich Winzer, über mir Kellergewölbe.
Goldener Wein und roter Wein
streicheln meinen Gaumen.

Um mich Leben, über mir das Glück.
Dunkle Wolken und tiefe Finsternis
vertrieben von göttlichem Rebensaft.

SICHTWEISEN

Der Winter,
hat ein weißes Kleid,
das die Welt bedeckt
und wie warme Hauben
wachsen
Dächer und Kamine nach oben.
Es ist unübersehbar,
dass Schnee zudeckt,
die rohe, schmutzige Welt,
die Brandstätten der Kriege,
alles.

Und dann
beginnt der Schnee zu schmelzen,
Frühling, wenn er kommt,
entkleidet was lange verborgen.
Dennoch,
hinter Schmutz und Brand,
öffnet sich ein weites Tor,
leuchtet eine Welt,
ohne Krieg und Hass,
vielleicht deine letzte Chance,
nutze sie.

weihnachten

atmet tief ein!
weihnachtlicher harzgeruch
breitet sich aus.
im leuchten der kerzen
wird sichtbar
der frieden.

haltet fest den augenblick,
aus licht und tannengrün,
dass er nicht vergeht.
teilt eure liebe
wie warme mäntel
mit allen menschen.

atmet tief ein!
harzduftende tannen.

WINTER IN DER STADT,
ODER ALLEGORIE DER MELANCHOLIE

Nasses Pflaster, graue Häuser,
Im Winter ist trostlos die Stadt.
In mein Inneres kriechen Kälte und Trauer.
Furcht und Einsamkeit
Werden zum unhörbaren
Schrei!

Dunkle Nacht, bedrohliche Stille,
Zum Leichentuch wird der Schnee.
Meine Angst eine unüberwindliche Mauer.
Verzweifelt, wütend,
Wortlos, Stumm mein
Schrei!

WINTERWETTER

Durch verschneite Straßen
bläst der Schneesturm Eiskristalle
und zwickt Nadelstiche
in ungeschützte Haut.

Im Schnee versinkt jeder Ton,
lautlos lebt die Natur im Winter
und unsichtbar, jedoch
nicht aufzuhalten.

TANNENBAUM

In sattem Grün
gefärbt ist sein Kleid,
mit der Farbe des Lebens
und der Hoffnung .

Kraftvoll sprießend
aus fruchtbarer Erde,
mit harzblutiger Rinde
und samenvollen Zapfen.

Auf seine Nadeln
Schneeflocken fallen,
umhüllend die Zweige,
dem Frost trotzend.

Glitzernde Schneekristalle
lassen den Hass erfrieren.
Stark wird die Hoffnung,
denk ich an Frieden.

GEWISSHEIT

Schneeflocken decken das Land,
nass und kalt ist der Winter.
Doch haben wir längst erkannt,
Frühling kommt immer dahinter.

ALPENGIPFEL
Oder der Ausverkauf der Natur

Sie sind das Höchste,
das Mächtigste,
die gewaltigen Spitzen
im Meer der Felsen.

Majestätisch und ruhig
aber nicht schlafend
gestalten die Alpengipfel
ein Bild der Schönheit.

Oft scheinen die Gipfel
unerreichbar für uns
und wir kapitulieren
vor unserer Schwäche.

Seilbahnen erobern sie
mit ihren Kabinen,
überfahren ohne Bedenken
ihre empfindliche Haut.

Und ich werde traurig,
weil mein Wunsch
nach unberührter Natur
sich nicht erfüllt.

MEIN GARTEN

Im Garten singt die Amsel
und es sinkt der Sonnenschein.
Die Farben des Himmels wie Feuer,
im Glase leuchtet der Wein.

Die Spatzen in lustigem Spiele,
baden im gewässerten Topf.
Ich verspüre sanfte Ruhe
und Frieden in meinem Kopf.

Ich höre der Vögel Gesang,
den wunderbar fröhlichen Ton.
Ich träume von der Kindheit
und - da ist sie schon.

Langsam naht die Nacht,
und es weht ein sanfter Wind,
über alle Geschöpfe und Pflanzen,
die in meinem Garten sind.

UNIVERSELL

Und die Neugeborenen
wissen nicht was sein wird im Alter.
Der Mensch im Lauf der Jahre,
lüftet die verborgenen Vorhänge des Lebens.

Erkennen wir die Geheimnisse,
die Welt, das Leben, die unaufhaltsame Zeit,
dies und das in Kindheit, Jugend und Alter?
Welche Geheimnisse sind gelüftet,
wenn wir im Alter angekommen?
Warum wollen wir noch lernen,
wenn wir alt geworden?

Unklare Antworten oder Erkenntnis,
hochragende Bäume des Geistes,
beschattend die Weisheit der Menschen,
erhaltend die unumstößliche Wahrheit.
Loben wir die unsterbliche Natur,
den Regen, den Wind und die Sonne,
alle Wege des Lebens,
die unausweichlichen Stationen,
die Geburt und das Sterben
den Kreislauf, und immer
das Universum.

WENN DER FRÜHLING KOMMT

Hey, die Luft wird süßer,
die Farben der Blüten immer bunter
und die Mädchen lächeln wieder.

Hey, die Bäume im Wald,
glauben nicht mehr an den Winter
und alle Vögel singen wieder.

Hey, die Wiesen werden saftig,
die bunten Blumen erobern das Feld
und die Insekten summen wieder.

Hey, Frühling wir können dich fühlen,
deine Wärme erweckt uns zum Leben
und die Träume erwachen wieder.

Sonst ist alles unverändert.
Der Frieden hat keine Ankunftszeit,
die Menschlichkeit hat Verspätung,
nur der Frühling ist pünktlich.

LIEBE

Deine Liebe
schwebt wie ein Schmetterling
durch bunte Blumenwiesen.
Aus unzähligen Blüten
trinke ich den Nektar der Träume
vom Leben mit dir.

ICH WILL MIT DIR

Ich will mit dir
durch das Leben schreiten,
ohne dich will ich nicht geh'n.
Hinter des Himmels ziehenden Wolken
ist schon sonniges Licht zu seh'n,
Sonne einer glücklichen Zeit
in der ich die Zukunft seh',
wenn ich mit dir
in die Sonne geh.

MODERNE SKLAVEREI

Nach untergegangener Liebe
riechen die Zimmer,
im Haus
der verkauften Frauen.

Und Seit an Seite,
auf Straßen und Plätzen,
unterschiedlich die Freier
und doch alle gleich.

Unwürdig
ist das Geschäft,
in Zimmern
für gekaufte Stunden.

DU MEINE HEIMAT

Wie eine Sommernacht, warm
ist deine Haut und wie Samt.
Und die Blumen allesamt,
duften in deinem Arm.

Wie ein Frühlingsmorgen, frisch
blicken deine Augen - hell.
Mit von der Sonne gewärmten Fell,
glücklich mit dir am Frühstückstisch.

Wie ein Blütenmeer, zum begeistern
ist die Liebe mit dir und schön.
Das Lachen würde mir schnell vergeh'n,
sollt' ich alleine mein Leben meistern.

Wie eine Wohnung, ein Haus
die Heimat bist du für mich.
Hier gibt es immer nur dich,
du meine Heimat, ich ziehe nie aus.

DIE WIESE DER LUST

Am Waldsaum, zwischen bunten Wiesen
im niedergedrücktem Gras der Liebe,
liegt eine verwunschene Welt:
Süß duftend wie Rosen,
die Lust besingend.

Unzählige Liebende in weichem Gras,
vergessene Schwüre fliegen umher,
gemeinsam tanzen Erinnerung und Lust
einen Reigen, schaurig-schön,
flechten ein unzerreißbares Netz,
die Nerven beginnen zu beben,
unsterbliche Vergangenheit,
ineinander geflochten, verwebt.

Noch gibt es diese Wiese,
manchmal In blauer Stunde
zeigt ein Liebespaar sich,
dann pochen die Herzen laut,
im schaurig-schönen
Beben der Lust.

BEI DIR

Wieder bei dir sein,
an deiner Seite liegen,
dich riechen,
Liebe spüren,
glücklich sein,
mit dir fühlen,
meine Hand,
heiß,
in deine Haare wühlen.

TRAUMFRAU

Sie streichelt mit ihren Füßen das Gras,
das ist kühl und feucht und scheint zu träumen.
Ihr Haar ist blond oder braun, sie ist blass,
sie steht stolz und schön zwischen zwei Bäumen.

Dann lächelt sie wie Traumergeben,
wie Edelsteine ihre Brüste blinken,
sie erschauert und erwacht zum Leben,
hebt ihre Arme um dir zuzuwinken.

Dann kommt sie freudig auf dich zu,
du stehst wie festgewachsen, wartest ab.
Sie ist bereit, mit einem Zittern sinkest du,
umschlungen mit ihr auf das Gras hinab.

SONETT VOM AUF UND AB

Was wäre das leben ohne dich?
Statt glücklich zu sein, müsste ich leiden.
Weil das traurig wäre für mich,
möchte ich jeden Streit vermeiden.

Doch das kann nicht immer gelingen,
dann siegt die Unrast über das Herz.
Kann ich keine fröhlichen Lieder singen,
bleibt am Ende nur bitterer Schmerz.

Manchmal geht der Schmerz vorbei,
auch wenn er so ungerufen kam,
wie in der Nacht die Diebe.

Dann wünsch' ich mir, dass es so sei,
wie vor dem Streit, so zahm.
Mein Frieden ist deine Liebe.

IM HIMMEL

Träumend schweb' ich durch den Himmel,
zwischen Wolken die sich türmen.
Strahlend zeigt sich Sonnenschein
in Zwischenräumen die die Wolken teilen.

Erschauernd unter Gänsehaut,
suche ich der Wärme Schein.
Habe dein Gesicht vor Augen,
will mit dir zusammen sein.

erkennen

jetzt sehe ich unsere bilder
nicht meine vorschläge
die ich für unsere gehalten habe
ohne dich richtig zu kennen

jetzt sehe ich dein wesen
nicht mein idealbild
das ich mir formte
nach meinen wünschen

nun wo ich weiß
dass ich dich nicht
gekannt habe
lerne ich dich kennen

EIN SCHÖNER TAG BEGINNT

Der Tag beginnt,
die aufgehende Sonne
frisst die Kühle des Morgens.
Meinen warmen Pullover
ablegend, will ich die Wärme
der Sonne auf meiner Haut
mit aller Intensität
spüren.

Wunderbar, wenn Sonne
durch meine Gedanken fließt,
wenn im erwachenden Tag
dein Bild in mir entsteht und
Glück mich zärtlich berührt
dann bin ich sicher
du bist immer
bei mir.

CHAMPAGNER

Deine Lippen
kenne ich im Traum,
noch weit entfernt von dir
betört mich
der Duft deiner Haut.
Prickelnd perlt unser Leben
wie ein Champagnertraum.

ALLES IST GUT

Warst du auch nah', so schienst du mir fern,
mich hat dein natürlicher Charme verführt.
Deine Klarheit, vor allem, hat mich berührt,
ich denke, ich hab dich immer noch gern.

Heut' ist mir warm, ruhig pulst mein Blut,
bin glücklich, sanft und ausgeglichen.
An deine Liebe hab ich mich angeschlichen,
nun bin ich bei dir und alles ist gut.

WAS DAS WICHTIGSTE IST

Liebe, zum glücklich sein,
eine Wohnung zum drin wohnen.
Gesundes Essen fällt mir ein.
Gute Arbeit muss sich lohnen.

Bildung, für den wachen Geist,
gute Kleidung für jedes Wetter.
Familie, Freunde, nie verwaist
und keiner bohrt dicke Bretter.

Wenn das alles zusammen fällt,
kein Hindernis schränkt uns ein,
wenn so eingerichtet die Welt,
könnten wir zufrieden sein.

VOM GEMEINSAMEN LEBEN

Kalt ist das Leben ohne dich,
mich friert es in meinem Pelz,
es ist ein großes Unglück für mich,
eine Last, so hart wie ein Fels.

Werde gesund und komme zurück,
wollen gemeinsam uns wärmen
es wird das Unglück zum Glück,
von dem wir lange noch schwärmen.

Zusammen sind wir eins,
es ist unser größter Schatz,
unser gemeinsames Leben,

und was mein ist, ist deins.
In des Alltags schlimmster Hatz
kann eines sich dem anderen geben.

REZEPT

Manchmal möchte ich dir Rosen kaufen,
und dir sagen; ich habe dich gern'.
Ich will mit dir um die Wette laufen,
wenn ich gewinne bist du mein Stern.

Wenn ich dich sehe, den strahlenden Blick,
wird der Tag mir freundlich und hell.
Du bist meines Lebens größtes Glück,
wärmst mir von innen das Herz und das Fell.

Wenn ich traurig und unfreundlich bin,
unausstehlich, verbockt und stur,
und ich kann mich selber nicht leiden,

dann halte unsere Liebe mir hin.
zeig mir vom Leben das Schöne nur,
das wird meinen Sturkopf vertreiben.

ELFENTANZ

Wenn sie erscheinen im Mondenschein,
sorgsam umhüllt mit sanftem Licht,
kann nichts mehr wie vorher sein.
Ihr Tanz so poetisch wie ein Gedicht.

Sie erwachen zu Leben und Glanz,
und können sich aus Mythen erheben,
müssen sich keinem Gott ergeben.
Leichtfüßig, himmlisch ist ihr Tanz.

Sie sind als Fabelwesen geboren.
In Sommernächten tanzen sie Liebe,
die den Menschen schon verloren.

Und in diesem bunten Getriebe,
durch Sommernächte zum Morgen,
kann Elfentanz für Liebe sorgen.

WARTE NICHT

Die brandenden Wogen
am Strand,
bewegen die Kiesel
am Grund.
Das Meer mahlt die Steine
zu Sand.
Sieh' doch:
Ich schlafe nicht mehr im Wasser.
komm zu mir,
schnell,
warte nicht ab,
es zermahlt mich so schnell.

WAS ICH SONST NOCH SAGEN WILL

Meine Stiefel sind zu groß,
doch ich will mit ihnen
über Grenzen und Länder,
durch Täler, über Berge
zu friedlichen Orten
ins Glück.

Der Vorurteile Sumpf
hemmt meine Schritte,
bis ich aus den Stiefeln falle
auf meine eigene Füße.

NICHTSSAGEND

Durch Zufall trafen wir uns
im Urlaub am Strand.
Ich blickte ihn an,
er blickte mich an.
Ein tolles Treffen.
Sein Haar war noch dicht
wie ein Wald.
Mein Kopf war so blank
wie ein kahler Berg.

Ich erinnere mich,
dass wir zusammen sprachen,
ohne etwas zu sagen.

LEBEN NACH DER GEBURT

Du kommst auf die Welt
mit Geschrei und mit Schmerzen,
du wirst ohne Fragen ins Leben gestellt.
Glück wünscht man dir von Herzen

Erst lernst du das Laufen,
nach dem Plappern das Sprechen,
später dann Streiten und Raufen,
dann versteckt man die Schwächen.

Schritt für Schritt wirst du geformt.
Eltern haben das Beste im Sinn.
Nach der Schule bist du genormt
und fragst – wo führt mich das hin?

Du studierst, du lernst für das Leben,
es verleihen mit solchen Sprüchen
die Herren der Welt ihren Segen.
Das stinkt nach schlechten Gerüchen.

Das Unrecht - kalt wie ein Stein,
sollst du vergessen und schweigen,
dann gehst du in den Himmel ein,
das will ihre Verkündung dir zeigen.

Du forderst ein Leben vor dem Tod,
ohne Philistergeschwätz in den Ohren
und ein gutes Dasein ohne Not,
denn dazu bist du geboren.

WARUM STREITEN

Wir streiten, warum weiß ich nicht,
der Grund der ist lang schon vergessen.

Der Worte Wunden, sie schmerzen,
sie brennen und bluten nach innen.

Die Zeit zerrinnt im Schweigen,
die Stille beginnt mich zu quälen

Es geht mir schlecht, warum weiß ich nicht,
der Grund der ist lang schon vergessen.

Die Lehre aus diesem Gedicht:
Das Beste ist - wir streiten uns nicht!

NICHT WEHRLOS

Wenn leichte Strohhalme
sich auf des Stromes Wellen legen,
sind sie ausgeliefert den Mächten,
welche den Strom bewegen.

Steht eines Menschen Ansicht
der „herrschenden" Meinung entgegen,
ist er ausgeliefert den Mächten,
welche diese Meinung bewegen.

Wem das unabänderlich scheint,
der duldet und ist niemals dagegen
und bleibt ausgeliefert den Mächten.
Er wird ganz sicher nichts bewegen.

Der aber, der die Veränderung will,
der tritt dem Starrsinn entgegen.
Nicht mehr ausgeliefert den Mächten
wird er selber die Zukunft bewegen.

Die Strohhalme haben keine Wahl
sie wird das Wasser versenken.
Die Menschen aber, sie haben die Wahl,
bewegt zu werden – oder selber zu denken.

LEBT WOHL

Sagte der Dieb
zu den Verdurstenden
als er ihnen das
letzte Wasser nahm.

GUTE NACHT

sagte der Sozialdezernent
den Obdachlosen,
nachdem er sie
aus der Stadt gewiesen hatte.

GLÜCK AUF

sagten die Politiker
den Bergleuten,
als die Bergwerke
geschlossen wurden.

BERGFREUNDE

In eine schöne Hütte kommen
und sich wohlfühlen.
Die Freunde
mit Handschlag begrüßen,
gemeinsam am Tisch sitzen,
Essen, Trinken
und mit leuchtenden Augen
von einer zünftigen
Bergtour berichten.

Wenn wir auf zwei Brettern
den Pulverschnee
mit Spuren durchzieh'n,
hinter dem Sonnenschein
den blauen Himmel seh'n.
und glücklich den Tag beenden,
dann fällt das Bild uns ein:
In gemütlicher Hütte
mit Freunden zusammen sein.

DAS SCHWEIGEN DER SÄNGER

Lieder die nicht gesungen,
verklingen, vergehn.

Verschwinden wird,
was niemand mehr singt
und das unaufhaltsam im
Vergessen versinkt.

Am Anfang waren
Melodien und Text.
Sie trugen
den großen Gesang,
das Lied und den
melodischen Klang.

Vom Untergang zeugen,
verstummte Noten,
vergessene Melodien
und schweigende Sänger.

kreislauf

zur erde beugt das alter den körper
doch der geist strebt immer noch aufwärts
wir treiben durch das leben
in wiederkehrenden runden
und kommen doch nie mehr zurück